I0232815

L'ESPRIT DES RACES JAUNES

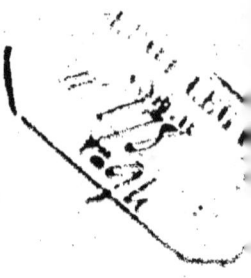

le Te de Laotseu

TRADUIT DU CHINOIS

PAR

MATGIOI

(Albert de Pouvourville)

PARIS
LIBRAIRIE DE L'ART INDÉPENDANT
11, RUE DE LA CHAUSSÉE-D'ANTIN, 11

1894
Tous droits réservés

Le Te de Laotseu

ŒUVRES DE MATGIOI

ÉTUDES COLONIALES

I. Le Tonkin actuel [1 vol. avec 3 cartes], 1888-89. Savine, 2ᵉ édition, 1890.

II. Deux Années de Lutte [1 vol.]. Suite du précédent, 1890-1891. Savine, 3ᵉ édition, 1892.

III. La Politique Indo-Chinoise [1 vol.]. Suite du précédent, 1892-1893. Savine, 2ᵉ édition, 1894.

L'ESPRIT DES RACES JAUNES

I. L'Art Indo-Chinois [1 vol. dans la Bibliothèque officielle des Beaux-Arts], avec 130 gravures. Quantin, éditeur. *Sous presse.*

II. Les Livres sacrés et mystiques :
    A. Le Tao de Laotseu.
    B. Le Te de Laotseu, (avec des notes) à la Librairie de l'Art Indépendant. 1894.

Notes sur la Marche [1 broch., Baudoin, 1887].
Un point d'Histoire coloniale [1 br., Savine, 1892].
L'Idée de Patrie en Asie [1 br., Mayeux, 1893].
L'action des Mandarins [1 broch., Chaix, 1893].

En préparation :

Études coloniales. IV. Dans les Seize Chaus [Historique des Missions Pavie de 1888 et 1889].

L'Esprit des Races Jaunes. III. De l'autre côté du Mur [1 gr. vol. avec 15 compositions inédites de L. Ehrmann].

L'ESPRIT DES RACES JAUNES

Le
Te de Laotseu

TRADUIT DU CHINOIS

PAR

MATGIOI

(Albert de Pouvourville)

PARIS
LIBRAIRIE DE L'ART INDÉPENDANT
11, RUE DE LA CHAUSSÉE-D'ANTIN, 11

1894
Tous droits réservés

A collaboré
à la traduction du Te
pour la paraphrase du terme des caractères,
le xuâtdoï

NGUYEN VAN CANG, III
fils puiné du thay-thuoc

NGUYEN THE DUC, LUAT
Tongsang du Rite de Laotseu

———

Tirage restreint à 300 exemplaires.

Le Te de Laotseu

TRADUCTION EXACTE

Par Albert de Pouvourville (Matgioi)

INTRODUCTION

La traduction du Te, que je présente ici, est conçue dans la même forme, rédigée avec la même précaution que la traduction que j'ai donnée du Tao. Je prie donc de se reporter à la préface de ce premier livre si l'on veut connaître les méthodes de la traduction et les mobiles du traducteur.

Mais il me faut ici répondre à deux objections. Le commentaire philologique de Laotseu ayant été supprimé absolument, il m'a été déclaré qu'il était, de la part d'un inconnu de lettres, bien outrecuidant de s'inscrire ouvertement en faux contre M. S. Julien, qui était de l'Institut; et que, du moment que je l'accusais d'inexactitudes, il me fallait, au moins, justifier mon accusation. Bien que je répugne à tout étalage de pédantisme, et que je me refuse aux oiseuses discussions terminologiques, je n'ai pu résister, en me faisant de la peine, à faire du plaisir aux personnes qui m'avaient ainsi parlé. J'ai donc inscrit, en suite des pages de Laotseu, quelques notes de philologie, qui indiquent les principales erreurs de M. Julien. Je ne les ai pas relevées toutes : il eût fallu m'arrêter à chaque mot ; je suis bien fâché que la détermination exacte de ces erreurs les montre gigantesques et multipliées : mais ce n'est pas ma faute si M. Julien a sombré dans la mise au jour d'un travail, dont la seule pensée était louable, et dont l'exécution dépassait infiniment les moyens et les facilités de l'auteur.

Ayant en main la paraphrase française de M. Julien, j'ai eu jadis l'idée de la retraduire littéralement, en chinois vulgaire, au docteur qui m'enseignait. Il se mit d'abord à sourire silencieusement à la mode orientale, puis s'indigna, et me déclara finalement que : « il fallait « que les Français fussent bien ennemis des Asiatiques, « pour que leurs savants s'amusassent à dénaturer « sciemment les œuvres des philosophes chinois, et à « les changer en fabulations grotesques, pour les li- « vrer en risée à la foule française. » Je n'ai pas essayé de faire croire à mon docteur que M. Julien s'était imaginé avoir fait une traduction respectueuse, car il eût alors douté de la valeur de tous nos savants : j'ai préféré le laisser douter de la loyauté du seul M. Julien ; et c'est ainsi que ce dernier a payé posthumement l'imprudence que, vivant, il avait commise, en s'attaquant à des textes dont le sens et la portée devaient lui échapper inévitablement.

En second lieu, le commentaire métaphysique de Laotseu ayant été expressément réservé, il m'a été déclaré que la lecture du texte isolé était impossible, incompréhensible, et inutile. Je n'ignore pas que, aspirant à l'Universelle Synthèse, les philosophes chinois n'émettent que des vues trop générales, pour n'être pas vagues et abstruses, surtout à nos cerveaux ; et j'ai bien pris soin, ailleurs, d'en avertir le lecteur. Je ne crois pourtant pas les textes de Laotseu plus obscurs que ceux de tel de nos psychologues modernes, ou de tel de nos poétes aristocratiques décadents, tant aimés des dames : je suis, d'autre part, assuré que, en prenant de la peine devant les textes chinois, on en retirera un grand fruit ; je n'oserais en dire autant de nos psychologues et de nos poétes.

Toutefois, comme le Livre du Te est conçu d'une sorte aussi abstraite que le Tao, et aussi étonnante pour le lecteur occidental, je veux de suite faire triompher Laotseu des reproches qu'on lui pourrait adresser à ma modeste occasion, et prouver que lorsqu'il saisit un sujet, en dehors de toute synthèse, il est aussi clair et plus magnifique que n'importe quel assyrien, égyptien, hébreu, et, bien entendu, français.

C'est dans ce but que je transcris ici la traduction de la Troisième Page du « Livre du Revers, » où se trouve, énoncée en quelques lignes, la théorie de l'Androgyne, que reconnaîtront sans peine, et avec admiration, les ésotéristes de toutes les écoles. Le « Livre du Revers » est l'œuvre de Laotseu et de ses dix principaux disciples, dans sa partie ésotérique et mystique; il demeure secret parmi les premiers docteurs des associations taoïstes ; et nous l'eussions déjà traduit entièrement, n'était la difficulté extrême qu'il y a à s'en procurer le texte entier et intact.

« *Le Livre du Revers.* (Phan-khoa-thu).

« TROISIÈME PAGE

« Tu adoreras ta gauche, où est ton cœur.

« Tu détesteras ta droite, où est ton foie et ton courage.

« Mais tu adoreras ta droite, où est la gauche de ton frère.

« Tu adoreras la gauche de ton frère, où est son âme.
« Tu abandonneras l'âme de ton frère, pour l'esprit de sa gauche.
« C'est ainsi qu'à ton sein gauche le Dragon te mordra
« Et par sa morsure entrera Dieu.
« La Voix, sans la parole ; l'Entendement, sans le son :
« La Vue, sans l'objet : La Possession, sans le contact :
« Voilà les gouttes de sang de la morsure.
« Prier avec des lèvres muettes : croire avec des oreilles fermées :
« Commander avec des yeux soumis : prendre avec des mains immobiles :
« Voilà la Morsure du Dragon.
« Le sommeil est le maître des sens et des âmes.
« Ainsi dort la tête sur le cœur de ton frère.
« La gauche de son corps répond à la gauche de ton esprit
« La droite de ton esprit répond à la droite de son corps.
« Que ta gauche pénètre sa gauche ; que ta droite soit pénétrée par sa droite
« Ainsi ta pensée sera sa pensée, et son sang sera ton sang.
« La Morsure du Dragon se cicatrisera : il prendra son vol : et vous serez invisibles dans ses ailes.
« Vous serez unis avec le Ciel.
« Ainsi vous êtes deux, — et un, — et l'Ancien Dieu. »

Je n'ajouterai rien à cette page. Laotseu ne peu mieux être glorifié que par Laotseu.

NOTE POUR L'INTELLIGENCE DU TEXTE

Aucun commentaire métaphysique n'accompagne cette traduction. L'explication des TONGSANG est réservée pour un ouvrage en préparation. Ici se trouve uniquement le texte du TE.

Les mots entre parenthèses, en caractères ordinaires, font partie du texte de Laotseu : la tradition les considère comme une glose écrite. Les parenthèses, en caractères italiques, ne sont pas dans le texte : mais elles sont nécessaires, et les explicateurs les ajoutent toujours : c'est la tradition orale. Mais je me suis imposé en règle de n'ajouter ces italiques que lorsqu'elles sont indispensables à la compréhension de la phrase. D'ailleurs, la plupart du temps, le nombre total des substantifs, adjectifs, pronoms, verbes et adverbes d'une phrase est égal au nombre des caractères qui constituent le sens correspondant dans le texte du TE.

PREMIÈRE PAGE

Une grande vertu n'est pas la Vertu : mais [être] ainsi, voilà venir la Vertu.
Une médiocre vertu ne perd pas la Vertu : mais [être] ainsi, voilà partir la Vertu.
Une grande vertu ne se manifeste pas, parce qu'elle ne veut pas se manifester. [*Le sage*] manifeste une grande pitié, mais il ne veut pas s'en rendre compte.
Il manifeste une grande équité : mais il tient à s'en rendre compte.
[L'homme manifeste une grande générosité [*envers le sage*], mais elle ne lui sert pas : toutefois [*le sage*] le cache et le soulage. C'est pourquoi [*le sage*] perd la Voie, mais garde la vertu (1).
La vertu perdue, il garde la pitié : la pitié perdue, il garde l'équité : l'équité perdue, il garde [*l'avantage de*] la générosité.
La générosité est véritablement, même petite, le commencement du mal.
C'est ce que savent dès longtemps les hommes qui connaissent la voie ! ils ont trouvé cela en premier.

---

(1) Par rapport à ce seul homme. Cette *voie* n'a rien de commun avec le Tao.

Aussi l'homme Saint s'attache partout au grand, et nulle part au petit.

Il reste dans la vérité et s'écarte du mensonge (2).

C'est pourquoi il rejette cette chose-ci et garde celle-là.

' La traduction Julien fait ici un symbolisme lointain du Vrai par un fruit, et du mensonge par une fleur.

DEUXIÈME PAGE

Qui garde [*la vertu*], voici qu'il gagne une chose.
Le ciel, pour sa perfection (l'unité), prend la pureté.
La terre, pour sa perfection (l'unité), prend la paix.
L'âme (1), pour sa perfection (l'unité), prend la surnaturelle connaissance.
Le manque [vide] pour sa perfection (l'unité), prend la plénitude.
Les dix mille êtres, pour la perfection (l'unité), prennent la naissance (2).
Les Rois, pour la perfection (l'unité), veulent les hommes droits.
Tout ceci est justement l'unité.
[Si] le ciel n'était pas en pureté, il frémirait de sa ruine.
[Si] la terre n'était pas en paix, elle frémirait de son écroulement.
[Si] les âmes n'étaient pas en surnaturelle connaissance, elles frémiraient de leur disparition.

(1) Than-Khi : intermédiaire entre le corps et l'association des idées, deuxième et sixième éléments de l'homme.
(2) Entrent dans le courant des formes, suivant la volonté exprimée dans le formulaire tétragrammatique de Wenwang.

[*Si*] le vide n'était pas en plénitude, il frémirait de son anéantissement.

[*Si*] les dix mille êtres n'étaient pas en vie, ils frémiraient de leur fin.

[*Si*] les rois et les grands princes n'étaient pas en droiture, ils frémiraient de leur renversement.

C'est pourquoi les grands regardent l'argent comme la racine du mal (1).

Les princes se servent des petits comme aides : et les rois agissent loyalement et sans hypocrisie [similitude].

Bien certainement [*la présence de*] l'argent fait les voleurs. N'est-ce pas vrai ?

Aussi ce qui est juste n'est pas le Juste (2).

Qui donc ne veut pas que le bonheur, semblable au diamant, lui tombe [*du ciel*] comme des cailloux ?

---

(1) Le caractère qui représente l'argent est tien, celui de la forme vulgaire de l'argent. M. Julien en paraphrase la signification : « roturier. » (?)

(2) Paraphrase légère : le caractère continue le symbole de l'argent, une valeur juste. Dans ce caractère dzu, M. Julien a paraphrasé : « une voiture. » !

TROISIÈME PAGE

Le cercle, voilà le mouvement de la Voie. Que les [*hommes*] faibles utilisent la Voie.

Les hommes et les choses naissent : nés, ils disparaissent.

—

QUATRIÈME PAGE

Les vrais docteurs entendent la Voie; ils font de suite ce qui la concerne.
Les docteurs moyens entendent la Voie : ils y pensent respectueusement |comme à quelqu'un qui est mort|.
Les docteurs derniers entendent la Voie; ils y pensent amicalement |*comme à une chose vivante*|. Ils n'y pensent pas assez pour suivre la Voie : c'est pourquoi il y en a qui parlent beaucoup |*sans réfléchir*|.
Qui connaît clairement la Voie est [*semblable à*] un parfum.
Qui monte à la Voie est |*facile*| comme qui descend.
Qui manque à la voie est pareil au néant.
La grande vertu est comme un abîme. La grande pureté est comme la bouche |*qui commande*|.
La vertu parfaite est comme sans terme. La forte vertu est comme l'augmentation indéfinie.
L'homme simple et droit est |*fort*| comme s'il était en grand nombre.
C'est un grand carré qui n'a pas d'angles.
C'est une grande racine qui n'a pas de fin.
C'est une grande voie qui n'a pas de son.
C'est une immense image qui n'a pas d'ombre.
La Voie éclate par son nom. Celui qui marche avec la Voie marche à la toute-puissance.

CINQUIÈME PAGE

La Voie a créé Un : Un a créé Deux : Deux a créé Trois : Trois a créé les dix mille êtres.
Tous les êtres ont le principe AM enveloppant le principe DVONG (1).
En vérité l'esprit [provenant des deux principes] apporte l'équilibre (2).
Les hommes qui haïssent [cela] sont sur les frontières [isolés] et sans racines (3).
Le roi Cong a approuvé ceci. (4).
Les hommes qui s'emparent [méchamment] de quelque chose ont néanmoins un avantage : peut-être, étant avantagés, ils conservent [ce dont ils se sont emparés] (5).
Les hommes agissent ainsi : mais nous enseignons ainsi :

(1) Am et Duong, principes actif et passif, symbolisant aussi le mouvement et le repos : le Duong, agile, est maintenu, par l'Am inerte ; mais c'est une spécialisation : pour s'y tenir, M. Julien a dû supprimer le caractère BAO, envelopper, et a traduit le caractère CHAT par le caractère FOU.
(2) C'est le KHI, principe intermédiaire humain.
(3) Co = racine : le mot « vertu » est une paraphrase trop éloignée.
(4) Cong est le nom sigillaire d'un roi légendaire : M. Julien, qui l'ignorait, a passé ce terme. Le terme THAI signifie : « approuver. »
(5) La paraphrase Julien ne contient pas un seul mot exact de cette phrase.

Les violents n'ont pas moyen de gagner leur mort [*heureuse*]. Nous voulons faire que les pères enseignent cela [*à leurs enfants*] (1).

---

(1) Le caractère PHU se traduit : « père » et non pas : « base ». En fin de phrase, les caractères GIAO-PHU doivent être syntaxés : PHU-GIAO. L'ignorance de cette règle a fait l'erreur de la traduction Julien.

SIXIEME PAGE

Les hommes (1) sont précisément très doux : qui commande [court à travers] les hommes est très fort.
[*Il pénètre là où*] rien ne lui appartient, où il n'a pas de demeure (2). Nous comprenons que savoir commander, est un grave avantage.
Nous ne parlons pas, et enseignons quand même : ne pas commander est un grand avantage.
Peu d'hommes sont capables de cela.

---

(1) THIEN-HA. Les êtres animés intelligents : et non pas : les choses.
(2) GIAN-CAN. Littéralement : espace entre deux colonnes d'une maison.

SEPTIÈME PAGE

La bonne réputation [*autour de moi*] permet d'approcher [*du bien*].
La connaissance [*en moi*] de la science permet d'augmenter [*le bien*].
Gagner et perdre permettent également le malheur.
C'est pourquoi [*il faut*] assurément quitter ce qu'on aime le plus.
Qui garde beaucoup, [*peut*] assurément perdre beaucoup. Cependant on ne dit jamais avoir assez [*de choses*].
On a assez travaillé : [*on dit partout*] n'avoir jamais assez [*travaillé*].
Ainsi on va loin et longtemps (1).

---

(1) Nous nous abstiendrons de tout commentaire : le texte, qui n'est pas parvenu intact, est sujet à des interprétations multiples.

HUITIÈME PAGE(1)

La grande citadelle manque [*d'un rempart*].
Mais il n'y a pas besoin de fermer [*la brèche*].
[*Le sage*] a un grand avantage, qui semble marqué. Il n'est pas besoin d'implorer. Droit, il y a moyen d'accomplir : de travers, il faut s'abstenir.
Beaucoup diriger sert à l'intérieur (*de la maison*].
L'agitation triomphe du froid : l'immobilité triomphe de la chaleur.
La pureté et la paix font les hommes droits.

—

(1) Tout ce chapitre est presque intraduisible. Il se rapporte à la digue d'une citadelle, brisée par les inondations. Quelques-uns le croient apocryphe.

NEUVIÈME PAGE

Quand les hommes ont la Voie, les pieds de la foule des chevaux sont en petit nombre (1). Quand les hommes n'ont pas la Voie, leur faire des reproches [aux chevaux] engendre leur colère (2).
Le crime n'est pas grand d'avoir des aspirations : le travers n'est pas grand de ne pas connaître assez : l'étrangeté n'est pas grande de désirer acquérir (3). Aussi, qui connaît [avoir] assez, a assez.

—

(1) M. Julien ignore que ces « hommes violents » sont comparés couramment à des chevaux : il a intercalé les deux termes : culture : et : rivière.
(2) Même observation : intercalation du terme : frontière. Suppression du terme TA (colère).
(3) Dans ces trois phrases, M. Julien a ajouté un comparatif, ce qui change le sens.

DIXIÈME PAGE

Sans sortir de sa maison, [le sage] connaît tous les hommes ; ils ne sont pas heureux (1).
Il connaît la voie du ciel. Il s'éloigne, mais connaît les plus petites choses.
Ainsi le sage ne marche pas, mais aboutit ; il ne voit pas, mais sait le nom [des choses] ; il ne travaille pas, mais produit.

———

(1) M. Julien traduit KHOAN par : fenêtre : Seul, KHOAN signifie : *trou*. Mais l'expression KHOAN-KHOAI ne se sépare pas, et forme la seule idée d' « *êtres satisfaits.* »

ONZIÈME PAGE

Qui étudie un jour, augmente : qui suit la Voie un jour, progresse (1). Il progresse et progresse encore : et ainsi jusqu'à ce qu'il n'agisse plus : |*jusqu'à sa mort*|. Mais alors qu'il n'agit plus |*qu'il est mort*|, il n'est pas sans agir (2).
Et alors il soigne les hommes, et les préserve des calamités.
Parfois les calamités sont proches, et il n'est guère moyen de préserver les hommes |*sans agir*| (3).

—

(1) Le caractère TICH signifie progresser : c'est un verbe neutre, M. Julien le traduit par « diminuer »; et le fait suivre du régime « *les passions* » qui n'est pas dans le texte.
(2) Mort, il paraît ne pas agir ; mais il agit dans le ciel [Glose].
(3) M. Julien a omis la première partie de la phrase ; cette lacune le force à un non-sens dans la seconde partie.

DOUZIÈME PAGE

L'homme parfait n'a pas d'affections coutumières : les affections des cent familles font ses affections.
Qui est bon, je suis bon [avec lui] ; qui n'est pas bon, je suis bon quand même [avec lui].
Qui n'est pas sincère, je suis sincère [avec lui]. Voilà la vertu sincère.
Le sage vit parmi les hommes ; il pèse les générations des hommes dans la balance de son cœur (1).
Les cent familles le conservent dans leurs yeux et leurs oreilles.
Le sage est le modèle universel (2).

---

(1) Quan-Khi-tam « balance du cœur. » M. Julien traduit : des sentiments égaux.
(2) « Hoi » : (litt :) le père c'est-à-dire le premier exemplaire : le terme « regarder » de la traduction Julien est inventé de toutes pièces.

TREIZIÈME PAGE

Pour un enfant, huit morts (1). On pronostique dix naissances, il n'y en a que trois (2)
Les hommes donnent naissance [à *des enfants*] : au moindre contact, les voilà morts à terre. Ainsi il naît dix, et il reste trois (3).
Pourquoi donc ce mal ?
Aujourd'hui les hommes veulent tout posséder et créer.
Qui écoute assidûment la Voie, peut créer et vivre ; en marchant sur sa route, il ne se détourne pas un instant du tigre.
Qui va en guerre et n'a pas assez d'armes, en un clin d'œil, ne sait où se cacher, meurt, et ne peut être sauvé (4).
Les ongles du tigre ne peuvent se rompre (5).
Le soldat ne peut briser la pointe [*de son glaive*].

---

(1) « Bat = huit » caractère omis par Julien.
(2) Les caractères « do » et « heu » sont omis chez Julien : il y a une ignorance complète des règles de construction des adjectifs numéraux ; trois non-sens en résultent.
(3) Caractère « sinh » omis par Julien.
(4) Les six derniers caractères sont omis par Julien.
(5) M. Julien a traduit « se rompre » par : « déchirer ». Et trouve la « corne d'un rhinocéros » dans le terme DOT, qui signifie « un clin d'œil. »

Pourquoi tout ce mal ? (1).
En suivant [*la Voie*], il n'y a pas de mort sur la terre (2).

———

(1) PHU-HA-CO : interrogation réprobative, ne nécessitant pas de réponse.
(2) Gi = suivre, caractère omis par M. Julien.

QUATORZIÈME PAGE

ICI LA VOIE PRODUIT : LA VERTU UNIT : LES ÊTRES SE FORMENT : ILS DEVIENNENT DES MODES (₁).
Aussi les dix mille êtres vénèrent la Voie et respectent la Vertu.
Car la Voie est vénérable : la vertu, respectable.
Personne |*ne les fit*| : ils sont seuls |admirables|.
C'est pourquoi la Voie produit, unit, accroît, accorde, forme, normalise, nourrit, protège.
Elle produit les êtres, et ne se les approprie pas : elle agit, mais ne s'intéresse pas ; elle est grande, mais |*ne gagne*| rien de neuf (2).
C'est ainsi qu'est la vertu profonde |*difficile*|.

---

(1) Les termes de la traduction de cette phrase sont imposés par les philosophes qui ont expliqué le tétragramme de Wenwang. C'est la « Grande Formule. »
(2) Le caractère MOI ou TAN, signifie « nouveau », et non pas « glorieux. »

QUINZIÈME PAGE

Le principe initial des hommes, voilà la mère [le modèle] des hommes.
Qui connaît la mère [le principe] veut aussi connaître les enfants [les conséquences]. Qui connaît les enfants est respectueux de la mère. Ainsi les générations ne cessent point; elles sont comblées et intactes.
Fermer sa porte (1) c'est être stable jusqu'à la mort.
Ouvrir à l'assiduité, s'égaler aux circonstances, c'est n'avoir pas besoin d'aide jusqu'à la mort (2).
Qui comprend le plus subtil, est clair.
Qui observe la bonté, est le plus fort.
Qui aspire à l'éclat [de la Voie], se tourne à sa clarté (3).
Ne jamais quitter cette clarté, c'est la recherche continuelle [de la Voie] (4).

---

(1) Le terme « MON » signifie : porte, et non : bouche. Il n'est question ni d'yeux ni d'oreilles.
(2) M. Julien, oublieux d'une construction elliptique, donne ici un sens contraire.
(3) QUANG = éclat des étoiles. MINH = éclat du jour.
(4) LUNG-TUONG = non pas : être doublement éclairé, mais c'est la manière coutumière de désigner l'acharnement à un travail continu.

SEIZIÈME PAGE

[*Quand*] vous commanderez un homme qui connaît et sait la grande Voie, alors nous l'estimons et la grande Voie le chérit [*comme son fils*] (1).
Le peuple le vénère et l'écoute.
Mais vouloir acquérir sans travail, laisser la terre inculte, et le corps en lutte, ignorer les caractères, chercher de continuels avantages, boire, manger, chanter, désirer l'augmentation de ses biens, et alors accomplir le mal et le vol ; ce n'est pas là la voie (2).

---

(1) Une erreur de ponctuation induit ici M. Julien en de nombreux contre-sens.
(2) Il y a ici dix termes omis et autant de contresens dans la traduction Julien.

DIX-SEPTIÈME PAGE

Qui sait agir fortement n'a pas besoin de secours.
Qui sait conserver ne peut perdre. Ses enfants et les enfants de sa race ne finiront jamais (1).
De qui dirige bien son esprit, la vertu est droite et sincère.
De qui dirige bien sa famille, la vertu est surabondante
De qui dirige bien son village, la vertu est durable
De qui dirige bien sa province, la vertu est éclatante
De qui dirige bien tous les hommes, la vertu est universelle.
C'est pourquoi, me considérant, je connais les autres : considérant ma famille, je connais les familles : considérant mon village, je connais les villages : considérant ma province, je connais les provinces. Considérant les hommes [*d'un empire*] je connais tous les hommes.
Comment connaissons-nous les hommes ? En observant cela.

---

(1) M. Julien traduit : TÊ-THU par : offrir des sacrifices ; cela signifie littéralement « nouer la succession des enfants. »

DIX-HUITIÈME PAGE

Quand on conserve la vertu pour ses enfants rouges (1), les bêtes venimeuses ne les piquent point, les quadrupèdes féroces ne les attaquent pas, et ils n'héritent pas de mauvaises choses (2). Leurs os sont grêles : leurs nerfs sont mous : mais ils ont la juste beauté (3).

Ainsi ils seront à la fois puissants et bons : leur intelligence est agile ; par la suite, ils sont parfaits et sans crainte ; ils sont pacifiques (4).
Connaître la paix [*est*] comme la constance.
Connaître la constance [*est*] comme la clarté.
Enfanter [*au dedans*] ensemble, nul ne connaît.
Quand l'esprit [le cœur] commande à l'âme [le souffle], voilà la force.
Les choses très solides peuvent vieillir (5).
Cela n'est pas le Tao : cela n'est pas encore le Tao [ce matin] (6).

(1) Sich-tu = enfants rouges, c'est-à-dire petits.
(2) Hoach-ko = littéralement : oiseaux noirs.
(3) Dao-co. M. Julien traduit : « ils saisissent les objets. » (?)
(4) Je renonce à expliquer la façon dont M. Julien a pu voir dans ce passage l'éréthisme organique et des spermatozoaires. La fantaisie de ses interprètes semble ici s'être donné cours d'une sorte bien irrespectueuse.
(5) C'est-à-dire les hommes brutaux (forts) l'emportent sur les subtils (faibles).
(6) Le terme « mourir » de la traduction Julien, n'est pas dans le texte.

DIX-NEUVIÈME PAGE

Qui connaît ne parle pas : qui parle, ne connaît pas.
Il clôt la bouche, il ferme la porte [*les yeux*].
Couché, il pense activement ; il ouvre son cœur.
Il assemble ses lumières [*intérieures*] ; il se mêle aux obscurs [*extérieurs*] (1).
Le voilà donc bien profond.
Il n'a pas moyen d'amis ; il n'a pas moyen d'ennemis.
Il n'a pas moyen de [nombreux] avantages ; il n'a pas moyens de [grandes] pertes, il n'a pas moyen d'honneurs : il n'a pas moyen de révoltes
C'est pourquoi il fait du bien à tous les hommes.

---

(1) Précepte passé en proverbe : hoa Khi quang, dong Khi eau.

VINGTIÈME PAGE

La loyauté gouverne l'empire : la fausseté [l'artifice] commande aux armées.
La fin du mal (1) est propice à tous les hommes.
Comment savons-nous qu'il en est ainsi des hommes ? Par tout ceci.
Les hommes font-ils beaucoup le mal ? Les villages sont appauvris ; ils prennent les armes (2).
L'empire est-il troublé ? les gens des villages mendient : toutes choses dépérissent (3).
Un chef intelligent réunit-il [*les hommes mécontents*] ? (4) Il y a beaucoup de voleurs et de rebelles.
C'est pourquoi l'homme parfait dit : Je n'agis pas ainsi, et les gens des villages s'amendent.
Je veux le repos, et les gens des villages se rectifient.
Je ne fais pas [*d'actes violents*], et les gens des villages s'enrichissent.
Je n'ai pas d'ambition, et les gens des villages se simplifient [*se contentent de peu*].

---

(1) Gia-vo-su = l'absence du mal : Vo-su est toujours pris en mauvaise part.
(2) Loï-Khi = se saisir d'instruments mauvais : une erreur de ponctuation altère, chez M. Julien, les 4 phrases suivantes.
(3) Thu-Khoi = ne peuvent se produire.
(4) Phap-linh. Le terme phap est celui du chef, de l'officier, du prêtre, et non des lois, comme dit M. Julien.

VINGT-ET-UNIÈME PAGE

Si j'enseigne avec circonspection, les gens du peuple deviennent sincères.
Si j'enseigne avec clairvoyance, les gens du peuple se découvrent.
Le bien est toujours gardé : le bien accompli appelle un [autre] bien [derrière lui]. La mémoire en demeure jusqu'au bout (1).
Ce qui n'est pas droit est trompeur. Les [hommes] droits qui viennent [à moi] sont enseignés.
Ceux qui savent venir [à moi] sont doux. Ceux qui s'éloignent demeurent longtemps [sans être enseignés]. (2).
Voici que l'homme parfait peut [enseigner] de suite, mais ne le fait que tard [sur le soir].
Il enseigne perpétuellement, et non pas dans des années [déterminées] (3).
Il est droit, mais ne redresse pas [les hommes].
Il est éclatant, mais ne les éclaire pas (4).

(1) Le terme « malheur » de la traduction Julien n'est nulle part dans le texte.
(2) Trad : Julien : trois termes ajoutés, et la violation d'une règle de syntaxe.
(3) Nghiêm = perpétuité (et non pas : « justice »). Tá = époque (et non pas : « blessure »).
(4) C'est sur cette page et sur la page 18 que le docteur taoïste, dont il est question dans la préface, a fait sa remarque indignée.

VINGT-DEUXIÈME PAGE.

Le gouvernement des hommes, l'action du ciel ne sont pas semblables à [*la tranquillité de*] la tombe (1).
Quelle tranquillité! aussi [*les hommes*] la vénèrent dès longtemps.
Vénérer dès longtemps, voilà qui est accumuler la vertu.
Accumuler la vertu, c'est éviter les inimitiés (2).
Éviter les inimitiés, c'est ne pas connaître les limites [*de la vertu*].
Ne pas connaître les limites [*de la vertu*], c'est le moyen de garder l'empire.
Quand l'empire est [*aimé*] comme une mère, il s'étend loin et longtemps.
Ce sont là des raisons profondes, et de beaux titres (3).
C'est là vivre longtemps, et observer constamment le Tao.

---

(1) Tang = repos d'une chose enterrée.
(2) Vo-bat-Khac = ne pas disputer en criant.
(3) Chi = papier où le Roi mentionne les services, et non pas : tige d'arbre.

VINGT-TROISIÈME PAGE

Gouverner un grand empire ressemble à la cuisson d'un petit poisson.
[*Le roi*] se sert du Tao pour diriger tous les hommes.
Il y a de mauvais esprits [*des rebelles*] et point de bons [*sujets*]. (1)
N'est-il pas vrai qu'il y a de mauvais esprits, et point de bons ?
Les mauvais esprits n'aiment pas les hommes.
N'est-il pas vrai que les mauvais esprits n'aiment pas les hommes (2).
Partout les hommes n'aiment pas les hommes.
Les deux [*mauvais et bons esprits*] ne s'aiment pas. (3).
Mais aussi [*le ciel*] les réconcilie et les pacifie dans sa vertu (4).

---

(1) M. Julien a oublié que le terme « phi » au commencement d'une phrase, est une interrogation.
(2) Thuong = aimer, et non pas « blesser. »
(3) Phu-tuong = les deux choses dont on vient de parler.
(4) Yên = la paix : terme oublié par M. Julien.

VINGT-QUATRIÈME PAGE.

Un grand pays est comme [l'eau] qui coule. Il sympathise avec tous les hommes, vraiment avec tous les hommes.
Voilà que cette habitude donne la paix, la prospérité, la force (1).
La paix amène la douceur (2).
C'est pourquoi un grand pays est doux avec les petits pays : il garde [la sûreté] des petits pays.
Les petits pays sont respectueux d'un grand pays : ils gardent [la fidélité] du grand pays.
C'est pourquoi les petits s'attachent au grand : le grand retient les petits.
Un grand pays réunit beaucoup d'hommes : un petit pays ne réunit que huit hommes [très-peu] (3).
Les deux ont ainsi moyen de faire ce qu'ils veulent, et où [ils veulent].
Ainsi il convient que les grands deviennent doux.

---

(1) M. Julien voit ici un « mâle », et une « femelle » !
(2) Au-dessous, c'est-à-dire : être doux. Au-dessus, c'est-à-dire : être ennemi, violenter. Ce symbolisme coutumier était inconnu de M. Julien.
(3) Le terme « Bat-qua » a été traduit par M. Julien : « unique désir ». Ce n'est qu'une formule explétive : il y a deux contre-sens dans la phrase.

VINGT-CINQUIÈME PAGE

La Voie est la condition de tous les hommes : par elle, on aime les hommes bons ; on se défie des méchants (1).
Les bonnes paroles ont le moyen, la douceur a le moyen d'attirer les hommes (2).
Des méchants, il y en a parfois (3).
C'est pourquoi on a établi un Roi (4) et trois ministres.
Unis ensemble, ils vont plus vite et fort que quatre chevaux (5). Mais ils ne peuvent pas, [comme celui qui est] tranquille, monter à la Voie.
Dès longtemps avant on vénérait la Voie.
Il ne cherche pas, et trouve quand même : par la Voie il guérit les malheureux.
C'est ainsi qu'il fait aimer [la Voie] par tous les hommes.

(1) So-hao = se méfier craintivement. M. Julien a négligé le terme : « So. »
(2) Ton-hanh = couler en descendant : c'est-à-dire douceur. Voir les observations antérieures : contresens de M. Julien qui traduit par : « action honorable » (?)
(3) M. Julien dit « repousser avec mépris. » Rien de semblable dans le texte chinois.
(4) Thien-thu = fils de Dieu (littéralement).
(5) Cong-bich = réunion en un seul tout (comme une tablette). Gi-thien = marcher avant. M. Julien a inventé les mots : jade, tenir, monter sur un char ; et il a trouvé ce sens étonnant : « Il est beau de tenir devant [gi-thien] soi une tablette [congbich] de jade, et de monter sur un char à quatre chevaux. » !

VINGT-SIXIÈME PAGE

Agir [*comme si on*] n'agissait pas :
Travailler [*comme si on*] ne travaillait pas :
Eprouver [*comme si on*] n'éprouvait pas :
[*Estimer*] grandes les petites [*choses*] et nombreuses, les rares :
Prendre le méchant pour le vertueux :
[*Penser*] les choses difficiles, aisées :
Penser les grandes choses, petites :
C'est ainsi que les hommes faisaient erreur (1)
Ils pensaient que tout était facile : ils pensaient que les plus grandes choses étaient petites.
C'est pourquoi le sage n'agit pas, et est grand : c'est pourquoi souvent il devient encore plus grand.
Il parle tout bas (2), mais c'est la pure vérité. Les choses difficiles lui sont certainement faciles. Le sage croit qu'il y a encore des difficultés : aussi, plus tard, il n'y a plus de difficultés.

---

(1) Nan-su = se tromper dans les difficultés ; terme de mauvaise part. L'ignorance où est M. Julien de ce terme le conduit à contresens dans chaque phrase, où il essaie de voir une bonne action là où Laotseu n'en détermine que de répréhensibles.
(2) Khinh = doucement ; et non pas : « à la légère ». Qua g-on = être croyable, et non pas « manquer à sa parole. » La traduction Julien est le contraire du sens exact.

VINGT-SEPTIÈME PAGE

Ce qui est tranquille est facile à maintenir.
Ce qui n'est pas encore soulevé est facile à conserver.
Ce qui est entouré [*observé*] est facile à rompre.
Ce qui est menu est facile à disperser.
[*Il faut*] prendre garde, avant que [*l'événement*] n'arrive.
Il faut apaiser, avant que [*la révolte*] éclate.
Un arbre qu'un homme étreindrait à peine, a pour racine un cheveu fin.
Une tour de neuf étages a commencé par une poignée de terre.
Mille lis commencent par l'espace d'un pas.
Qui travaille peut échouer.
Qui gagne [*une chose*] peut la perdre.
C'est pourquoi le sage ne gagne pas par son travail : de là, il ne peut pas perdre.
Si le peuple gagne, d'habitude il ne peut aboutir qu'à la perte.
Il faut prendre garde au commencement et à la fin [*des choses*]. Ainsi on ne les perdra pas.

C'est pourquoi le sage veut l'indifférence; il ne tient pas à gagner les choses.

Il sait, sans avoir étudié; il marche à côté des autres hommes, mais il passe seul (1).

Il est supérieur aux dix mille êtres, mais il s'en détache, et n'ose pas les influencer

---

(1) M. Julien dit que les autres hommes sont *fautifs*. Ce n'est pas dans le texte de Laotseu. C'est, du reste, la seule erreur de cette page.

VINGT-HUITIEME PAGE

Autrefois, ceux qui connaissaient la Voie ne voulaient pas en éclairer le peuple.
Ils trouvaient [*de mauvaises actions*] ; ils faisaient de suite [*la répression*] (1).
Il est difficile de gouverner les hommes, car il y faut de la science.
C'est pourquoi si ceux qui commandent l'empire [*agissent mal*], l'empire entre en révolte (2).
Si l'on prend la douceur pour gouverner l'empire (3) l'empire est heureux.
Celui qui connaît ces deux choses peut les expérimenter (4).
Partois il sait les expérimenter ensemble.
Voilà la vertu profonde ; la vertu profonde est secrète et transperce [*les intentions des hommes*] (5).

(1) Passage tronqué dans le texte : la glose est tenue de rétablir le sens.
(2) Chi-thac = faire le pirate. La paraphrase Julien est bien lointaine.
(3) Bat-gi-chi = pas sérieux [littér :] c'est-à-dire pas violent.
(4) Thi = expérimenter, et non pas : « modèle. »
(5) Dat = traverser de l'autre côté : et non pas : « immense. »

Toutes choses se tournent à elle. (1). Ensuite vient une grande félicité.

—

(1) Phan = tourner, et non : « s'opposer. » Phan est le premier titre du célèbre livre du « Revers », et l'un des termes sacrés de la pratique taoïste.

VINGT-NEUVIÈME PAGE

Les fleuves et les mers font [en coulant] cent abîmes ; [*de même le ciel fit*] des rois (1).
Ces eaux ne savent que descendre : ainsi [*le ciel*] fit cent races de Rois (2).
L'homme parfait veut que le peuple progresse (3) : il parle doucement avec lui. (4). Il veut [*parler*] devant le peuple ; et chacun marche derrière lui (5).
[*Quand l'homme parfait*] a une place supérieure, le peuple ne l'approuve pas (6).
S'il a une place antérieure, le peuple n'en souffre pas.
Aussi tous les hommes sont satisfaits, mais sérieux (7).
Il ne lutte pas : aussi tous les hommes n'ont pas occasion de lutter.

---

(1) Coc-vuong. Les ellipses de ces phrases ont échappé à M. Julien.
(2) Coc = trou-initial, race. M. Julien a oublié le terme « bach » — cent.
(3) Tuong = monter (verbe n.) et non pas « commander » (v. a.)
(4) Ha = en dessous, c'est-à-dire doucement.
(5) Suivre les enseignements : il n'y a pas là-dessus de priorité.
(6) Bat-chang = léger (littér :)
(7) Bat-Kha = ne chantent pas (littér :)

TRENTIÈME PAGE

Les hommes se croient grands, et semblables à qui ne diminue pas.
S'ils sont vraiment grands, ils ne diminuent pas ; et pourtant ils diminuent, peu à peu et longtemps (1).
Nous possédons trois choses précieuses : nous les gardons précieusement.
La première est l'accroissement [*de la vertu*].
La deuxième est la circonspection (2).
La troisième est que l'on n'ose pas se placer en tête des hommes.
Aussi l'accroissement [*de la vertu*] donne la force.
La circonspection donne la générosité [*du cœur*].
Ne pas oser se mettre en avant des hommes permet de devenir la racine [*le chef*] intacte (3).
Augmenter (4) [*penser à faire, sans faire encore*] donne la force.

(1) M. Julien se trompe ici sur le sens des trois choses précieuses, et son ignorance des règles de la ponctuation l'amène à un imbroglio complet.
(2) Tu = augmentation, et non « affection » —. Nghien = approfondissement et non : « économie. »
(3) Khi = racine, origine.
(4) Sa-tu = augmenter (littér :)

Garder la circonspection donne la grandeur.
Garder l'humilité donne le premier rang.
A la mort, cette augmentation suit. Il y a gain.
Si, [*dans la vie*], on garde fermement [*la vertu*], le ciel protège aussi, et apporte un léger accroissement (1).

---

(1) L'ignorance des trois choses précieuses rend ici la traduction incompréhensible, et a causé l'ironique étonnement des Chinois.

TRENTE-ET-UNIÈME PAGE

Le subtil qui connaît la science n'est pas belliqueux (1).
Le subtil qui sait diriger n'est pas violent (2).
Le subtil qui sait prendre adroitement ne lutte pas (3).
Le subtil qui emploie les hommes est doux avec eux. Aussi on ne lutte pas pour la vertu. Ainsi cet emploi des hommes donne la force.
Voilà une union [*semblable à celle du*] ciel (4) c'était là l'ancienne [*perfection*] totale (5).

---

(1) Contre-sens chez M. Julien. Khien vi si gia ne signifie pas « commander une armée. »
(2) Tay = conduire, et non : « combattre. »
(3) Tang-Kheu = soutirer, et non pas : « vaincre. » (Sens métaphysique spécial.)
(4) Contre-sens chez M. Julien, par ignorance de glose.
(5) Khô = anciennement. — Côc = totalité

TRENTE-DEUXIEME PAGE

Il faut, vis-à-vis des soldats, parler ainsi : Je ne veux pas être le chef, mais l'étranger (1). Je n'ose, ni monter d'un pouce, ni descendre d'un pied (2).
Ainsi : commander sans [*paraître*] commander, [l'action est comme fondue : on n'en voit pas les morceaux] : au contraire, ne pas disputer : prendre sans violence (3).
Il faut commencer [*une chose*] sans éclat, et doucement. Commencer doucement, c'est le mécanisme qui est notre trésor (4).
Aussi celui [*qui agit ainsi*] est plus fort que les armées.
Penser beaucoup donne le succès (5).

—

(1) Khach = étranger : M. Julien invente les termes « signal » et « recevoir. »
(2) M. Julien invente le terme : « aimer mieux. Contre-sens. de M. Julien. Han-vo-hanh ne signifie pas : « Suivre un rang. »
(3) Apophtegmes symboliques, incompris de M. Julien.
(4) Cô = machine. Le terme « perdre » n'est pas dans Laotseu contre-sens chez Julien.
(5) Sui = penser, et non « compatissant. » Contre-sens chez Julien.

TRENTE-TROISIÈME PAGE

Nos paroles sont très faciles à comprendre, très faciles à pratiquer.
Les hommes ne les comprennent pas beaucoup, et ne les pratiquent pas beaucoup.
[*Ils disent*] : « la parole est aux grands : l'action est aux rois (1) : nous n'y connaissons rien : en vérité, nous n'y connaissons rien ».
Nous sommes peu qui nous connaissons bien : de cela nous sommes déjà estimés.
C'est pourquoi le sage connaît tout : son cœur est [*clair comme un*] diamant (2).

———

(1) M. Julien traduit : tòn (race noble) par : origine, et quàn : (Roi) par : règle !
(2) M. Julien a inventé les « habits grossiers » et traduit : bi-hat (connaissance entière) par : cacher. Deux contre-sens.

TRENTE-QUATRIÈME PAGE

Savoir, et ne pas prévoir : ne pas savoir, |au moment où on sait| voici le dommage. Vraiment, voici le dommage, le |*grand*| dommage. On cherche à s'en soulager. Le sage n'éprouve pas de dommage : *les |hommes qui éprouvent|* un grand dommage, voici qu'il les en soulage. (1).

---

(1) M. Julien n'a forcément pas pu comprendre ce chapitre tout mystique, bien qu'il ait connu le sens des caractères, pris isolément.

TRENTE-CINQUIÈME PAGE

Si le peuple ne craint pas de perdre, alors la perte complète survient (1), et il n'est plus moyen de rester dans sa terre (2).
|*Le ciel*| lui a donné ce |mauvais| destin (3). Oh ! quel |mauvais| destin. Oui celui-là a un |mauvais| destin.
Le sage se connait lui-même, et ignore son destin ; il aime à ne pas être grand.
Aussi il laisse ceci et adopte cela.

---

(1) M. Julien invente la « mort redoutable » pour traduire : yet (*un d'une chose*).
(2) Dzap = propriété, biens matériels. M. Julien invente le terme : « étroit. »
(3) Vo-quyet = mauvais sort. — Sinh = donner, et non pas « dégoûter ».

TRENTE-SIXIÈME PAGE

Celui qui a le courage, et ose, peut tuer (1).
Celui qui a le courage, et n'ose pas, est incapable (2).
De ces deux choses, l'une peut être avantageuse, l'autre nuisible.
Le ciel n'aime pas tout cela, que chacun le sache parfaitement.
C'est pourquoi le sage trouve tout cela difficile.
Telle est la voix du ciel, que [le sage] ne lutte pas, mais triomphe : qu'il ne parle pas [au ciel], mais qu'il en est protégé (3) : qu'il ne cherche [rien], mais que tout vient à lui : qu'il semble inerte, mais a une habile méthode.
Le filet du ciel est bien large ; mais nul ne peut passer à travers.

---

(1) Xât = tuer et non pas : « mourir. »
(2) Contre-sens, chez Julien, sur la place de la négation.— Hô = hésitation, et non : « vie. »
(3) Rung = exaucer, et non « obéir. »

TRENTE-SEPTIÈME PAGE

Si le peuple ne craint pas la mort, comment le menacer de la mort ?
Ceux qui commandent aux hommes qui craignent la mort (1), doivent être pleins de circonspection. Nous pouvons les prendre, les tuer. Nous pouvons oser cela (2).
Quelquefois on tue en secret [*les hommes*] ; mais on est tué à son tour (3).
La mort [*du coupable*] compense l'assassinat (4).
Telle est la compensation d'une grande faute (5).
Oui je dis que c'est la compensation d'une grande faute.
Mais il y a peu d'hommes qui ne craignent pas le mal aux mains (6).

---

(1) Nuoc-Dzu = ceux qui commandent : terme omis par M. Julien.
(2) Thuc-cam : il n'y a pas ici d'interrogation.
(3) Thi-xat, dzu-xat : apophtegme chinois. M. Julien a inventé le « magistrat. »
(4) Dzy = compenser, et non « remplacer. »
(5) Can-lan = (littér :) très lourd, c'est-à-dire punition avec l'idée du futur.
(6) Tuong-Thu = avoir mal aux mains : proverbe : se battre avec les mains, c'est-à-dire être violents, mauvais. M. Julien a inventé là une histoire de charpentier et de bois taillé qui est vraiment curieuse.

TRENTE-HUITIÈME PAGE

Le peuple est affamé pendant que les grands prennent et dévorent beaucoup ; oui, il est affamé.
Le peuple est difficile à gouverner quand les grands agissent de la sorte ; oui, il est difficile de le gouverner.
Le peuple méprise la mort, quand il est contraint de chercher [*dans la révolte*] son existence. Oui, il méprise la mort (1).
Il ne s'intéresse pas à vivre : que les hommes fidèles s'intéressent à vivre (2).

---

1) Contre-sens chez M. Julien par ignorance de la glose.
(2) Contre-sens chez M. Julien par erreur de ponctuation.

TRENTE-NEUVIÈME PAGE

L'homme vivant est doux et souple : mort, il est dur et rigide.
Les plantes vivantes sont douces et tendres ; mortes, elles sont dures et sèches.
[*Les hommes*] forts et rigides [agissent] en pensant à la mort.
Les hommes doux et souples [agissent] en pensant à [*aimant*] la vie.
C'est pourquoi les violents et les forts n'ont pas d'avantages.
Un arbre est fort ; plus fort encore, [*le sol*] qui est au-dessous.
Alors, ce qui est au-dessus devient doux et souple (1).

---

(1) Par arbre (moc) il faut entendre les mandarins ; et par le terme hà, le peuple. L'ignorance de cette glose a conduit M Julien à une interprétation très inexacte.

QUARANTIÈME PAGE

L'homme qui suit la Voie est semblable à un arc : il suit ceux qui sont au-dessus de lui ; il protège ceux qui sont au-dessous (1).
Il a abondance de biens, et les garde pour les donner (2) à qui n'en a pas assez.
Ainsi l'homme très riche qui suit la Voie garde peu pour lui, et donne à ceux qui manquent.
La Voie des hommes n'est pas de même : celui qui la suit donne à ceux qui ont trop et prend à ceux qui n'ont pas assez.
Celui qui, très riche, donne son superflu au peuple, suit le Tao.
Ainsi, le sage produit et ne s'attribue pas. Il fait de grandes choses, et les fait sans se vanter. Il ne veut pas laisser voir sa sagesse (3).

---

(1) Nguoong = regarder en haut — Cù = soulever, secourir. Deux contre-sens chez Julien.
(2) Bô = (litt :) rapiécer.
(3) Bat-su = ne pas signer (mettre sa signature sur les travaux accomplis).

QUARANTE-UNIÈME PAGE

Les hommes sont doux et faibles comme l'eau ;
Les hommes qui frappent dur et fort ne peuvent gagner souvent.
Ceci n'est pas facile à comprendre : (1) le faible triomphe du fort : le souple triomphe du rigide.
Les hommes ne connaissent pas cela, et ne peuvent le pratiquer (2).
Aussi le Sage dit : celui qui est soumis [à l'empire] est maître de lui-même ; certainement il devient le chef (3).
Celui qui est soumis à l'empire ne se vante pas, (4) et [devient] ainsi le maître des hommes.
Les paroles vraies ont un sens caché (5).

---

(1) Ignorance, chez M. Julien, de locutions coutumières ; et contre-sens.
(2) Bat-chi.. M. Julien a oublié la négation « Bat. »
(3) Lui-thua = vieux maître (litt :)
(4) Bat-Khoa = ne se montre pas (en paroles.) C. S. de M. Julien.
(5) Phan = Revers. Encore le mot sacré de la mystique taoïste.

QUARANTE-DEUXIÈME PAGE.

[*Paraître*] apaiser un grand ressentiment, et avoir véritablement un plus grand ressentiment [*dans son cœur, les hommes pensent*] (4) que voilà la tranquillité et la concorde.
Aussi le saint garde le côté gauche, et ne reproche rien aux hommes (5).
Celui qui a de la Vertu [*écrit*] concentre peu à peu [*son ressentiment.*]
Celui qui n'a pas de Vertu le disperse peu à peu [*par sa colère*] (6).
[*L'homme qui suit*] la Voie du ciel ne redoute rien : il est uni à tous les hommes droits (7).

———

(4) Ignorance de glose, et contre-sens chez M. Julien.
(5) Takhè = (litt :) (caractère de gauche, c'est-à-dire « écrit le ressentiment dans son cœur, » et aussi « demeure froid et paisible. ») La gauche est le côté du principe AM. Bien entendu, M. Julien n'a rien compris à ce passage.
(6) Thi = peu à peu. Than = briser à droite et à gauche : termes omis par M. Julien.
(7) Quan = craindre. Thuong = s'unir, et non « donner » Double c. s. chez M. Julien.

QUARANTE-TROISIÈME PAGE

[*Si je commandais*] un petit royaume et des hommes droits, de leurs biens nombreux je ne prendrais rien. Je leur commanderais de craindre la mort (1) et de ne pas quitter [*leur pays*] : quoiqu'ils eussent des bateaux, ils ne monteraient pas dessus : quoiqu'ils eussent des cuirasses, ils ne les revêtiraient pas (2). Je commanderais aux hommes d'attacher [*les coupables*] avec des cordes, et de les prendre ainsi (3). Ils seraient sucrés, je les mangerais : les habits seraient beaux, je les porterais (4).

Tranquille, je demeurerais : joli, je garderais (5).

Que les hommes conservent ce précepte : et

---

(1) Trang = (litt :) lourd, redoutable.
(2) Chan = (litt :) dresser en ligne, comme des soldats.
(3) C'est-à-dire ne pas les tuer. M. Julien, qui a entendu dire qu'on se servait jadis de ficelles nouées en guise d'écriture, s'imagine que Laotseu « veut faire revenir son peuple à cette méthode. »
(4) Kam Khituc, my Khi phuc. Proverbe chinois, appliqué pour la circonstance au coupable : si le coupable est repentant (sucré, beau), je le garderais près de moi (mangerais, porterais). M. Julien a traduit littéralement, ce qui est très curieux.
(5) Hien Khi cu, lac Khi tuc. Deuxième proverbe ; signification et application similaires à celles du premier.

que les chiens et les coqs eux-mêmes écoutent aussi :
JUSQU'A LA VIEILLESSE ET A LA MORT, QU'ILS NE SE RÉUNISSENT POINT EN ROYAUME (1).

---

(1) Laotseu a mis là, comme négligemment, la grande formule sociale du taoïsme. La version Julien serait à citer : elle est morale et recommandable. Seulement ce n'est pas du Laotseu, mais du Bernardin de Saint Pierre.

QUARANTE-QUATRIÈME PAGE (1).

Les paroles que l'on croit ne sont pas les bonnes : les paroles bonnes ne sont pas crues.
Ce qui est bien n'est pas retenu ; ou retient ce qui n'est pas bien.
La science ne se transmet pas : on transmet ce qui n'est pas la science.
Le sage ne garde rien [*pour lui*], mais il écrit pour enseigner les hommes ; il les a déjà enseignés.
Il écrit pour enseigner tous les hommes ; il les a déjà beaucoup enseignés.
Ainsi la Voie du ciel sauve les hommes et ne les perd point.
Ainsi le sage qui suit la Voie agit et ne frappe point.

FIN

(1) Chapitre terminal à formules générales, où il est oiseux de relever les inexactitudes du premier traducteur.

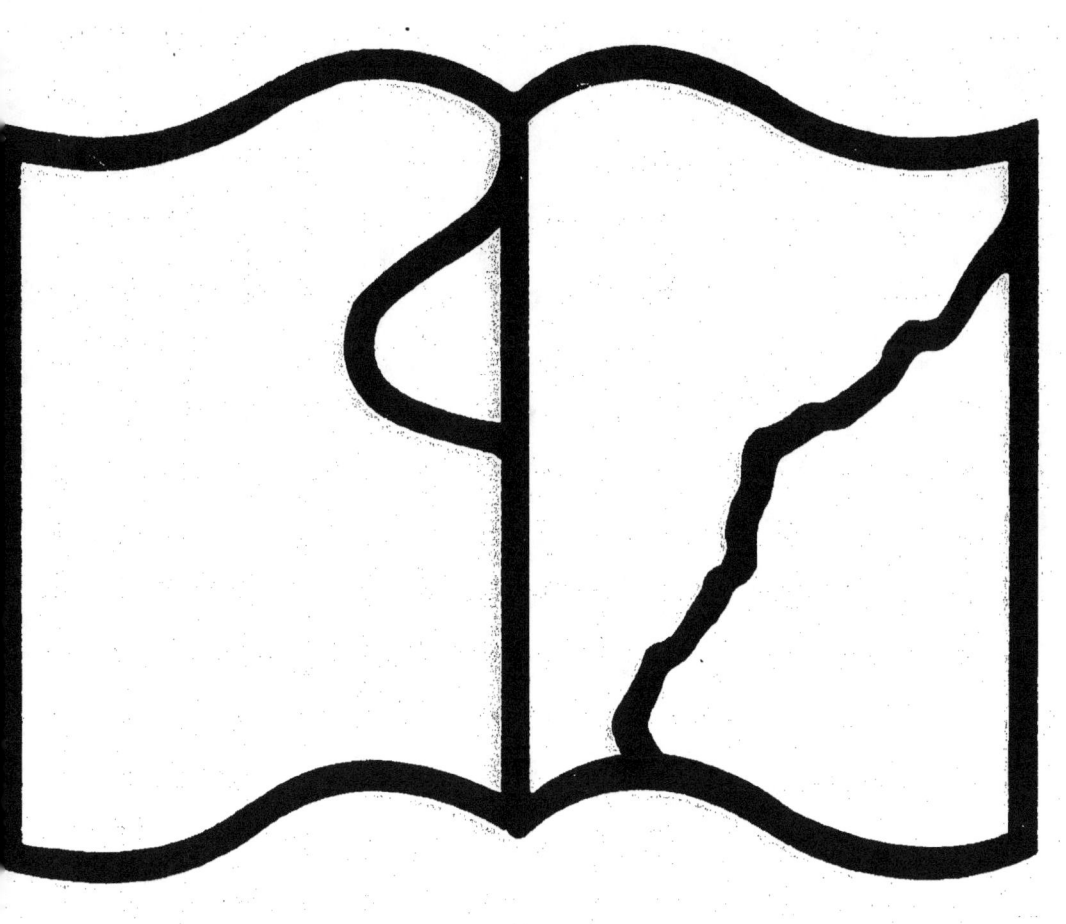

Texte détérioré — reliure défectueuse

NF Z 43-120-11

www.ingramcontent.com/pod-product-compliance
Lightning Source LLC
LaVergne TN
LVHW022123080426
835511LV00007B/990